QUELQUES MOTS

sur

LE RECENSEMENT

A PROPOS DE MA CORVÉE

QUELQUES MOTS

SUR LE RECENSEMENT

A PROPOS DE MA CORVÉE

PRÉCÉDÉS

D'UNE LETTRE A TIMON

RÉFLEXIONS

PAR PAUL-JACQUES

Cultivateur

PARIS

P.-H. KRABBE, ÉDITEUR

Quai Saint-Michel, 15

Et chez tous les marchands de nouveautés.

1842

A TIMON.

—

Permettez-moi , Monsieur , de vous faire hommage de ces quelques lignes , mon premier essai.

Vous trouverez , si vous daignez les lire , beaucoup à reprendre et à corriger ; mais prenez, je vous prie, en considération ma position sociale ; je suis un pauvre cultivateur de village ; mes études scholaires se sont bornées aux leçons de notre magister, qui m'avait élevé docile, craintif et révérencieux ; mais depuis, en lisant vos ouvrages et ceux du vigneron Paul Louis, j'ai appris à m'indigner des abus d'autorité, des vexations de nos petits despotes ruraux. Vous avez fait du pamphlet une arme tellement forte, tellement puissante, que cette forme d'ouvrage finit par tenter ceux que le servilisme irrite, ceux que le despotisme indigne ; on voudrait s'élever alors, s'élancer sur vos traces ; mais lorsqu'on en arrive à mesurer ses forces, on s'aperçoit bien vite de sa faiblesse ; on serait désarmé aussitôt, si l'on n'avait pour soi l'excellence de sa cause et la justice de ses droits.

Ces réflexions, ce n'est pas pour les gens de la ville que je les livre à la publicité ; mais pour mes voisins, mes amis, mes frères, les

:ultivateurs ; les intérêts mis en jeu sont les nôtres à tous, et j'espère qn'ils sauront me comprendre.

Je ne me suis pas abusé un seul instant par l'espoir d'un succès, j'ai cru penser des choses utiles, je les ai proclamées.

Permettez-moi , Monsieur , de vous demander aussi quelques conseils, et de vous entretenir de plusieurs choses qui se passent dans notre village , afin que nous sachions tous ce qu'il faut. faire et quels sont nos droits.

On parle beaucoup chez nous de nouvelles élections générales qui doivent., dit-on , avoir lieu au mois d'août prochain.

Est-ce que notre présence serait gênante ou ncommode ? Nous appeler en août, c'est vouloir nous éloigner du scrutin ; vous savez que ce mois est celui de l'année où notre ouvrage est le plus important . où il nous est impossible de nous éloigner un seul instant ; il faut abattre, lier, rentrer à la grange nos blés qui, cette année, promettent une heureuse récolte.

Tâchez donc, Monsieur, de faire reculer un peu l'époque de la nomination des députés ; car, s'ils sont nos mandataires, s'ils doivent nous représenter, ils doivent nécessairement être de notre choix, partager nos opinions, épouser nos intérêts (abstraction faite de localité), propager notre foi et nos espérances. Je crois qu'il ne suffit pas qu'un candidat promette de nous faire avoir un pont, obtenir un bureau de poste ou de tabac, un canal qui coulera ici ou plus loin ; il faut aussi qu'il s'engage à défendre l'honneur de notre patrie, à protéger les intérêts du sol que nous lui confions.

Souvent, pendant les soirées d'hiver, si longues au village, nous nous réunissons, et après avoir lu le journal en famille, nous nous permettons quelquefois de raisonner politique ; nous en sommes souvent à nous demander quels sont les progrès, quelles sont les améliorations que, pour nous , le temps et la civilisation ont amenés.

Un roi infidèle à ses serments voulut nous asservir , dit-on , en bâillonnant la presse ; les Parisiens se sont levés comme un seul homme , le trône a été renversé , le roi chassé.

Toute la France s'est associée à cet acte d'indépendance , les monarques européens ont tremblé un instant sur leurs sièges , croyant voir apparaître une ère de liberté.

Le trône était vacant ; le peuple vainqueur était le vrai souverain , à lui seul appartenait de faire des conditions.

On lui en a fait , et nous avons un roi. Mais non pas un roi par droit de naissance , par droit de légitimité, mais bien par la force de nos volontés et surtout par celle de nos députés.

On voit bien que dans la balance le peuple est toujours pour quelque chose.

Nous tâcherons de nous choisir un député

ferme, indépendant, qui maintienne nos droits et plaide en notre faveur.

Nous choisirons un candidat aimant le roi, car un peuple est une grande famille dont le roi est le père ; or tout homme doit aimer son père.

Bien que zélé patriote, je regrette souvent le régime constitutionnel, qui fait du roi un magistrat presque passif ; je suis persuadé que, si sa puissance était réelle, efficace, tout irait beaucoup mieux, que la situation de la France serait plus brillante qu'elle n'est aujourd'hui, grâce à l'habileté et à la conscience de certains ministres qui nous gouvernent bon gré mal gré.

Avec tous ces messieurs, quel profit avons-nous tiré de la Révolution de Juillet? (Notez bien que toutes ses observations ne m'appartiennent pas en propre, qu'elles sont aussi celles de mes voisins.)

On nous avait promis la liberté illimitée de

la presse ; grâce aux lois de septembre , les procès de presse n'ont jamais été si florissants qu'à présent , même sous la Restauration qui ne s'en faisait pas faute ; il est vrai de dire que si à cette époque les procès étaient moins nombreux , il y avait aussi quelques journaux de moins.

On nous avait promis un jury libre et indépendant ; on nous avait promis des juges parmi nous et les nôtres : nous avons la cour des pairs , et le sort favorise singulièrement les jurés-fonctionnaires et bien pensants.

On nous avait promis un gouvernement à bon marché : les impôts sont augmentés ; tous les jours nous nous en apercevons.

On nous avait dit :

La France sera libre à l'intérieur , puissante au-dehors ; elle accordera aide et protection à tous les peuples ses amis et ses alliés.

Belges, Polonais, Italiens, secouent le joug , espérant en ces promesses ;

Les uns sont tombés de Carybde en Scylla ; les autres sont replacés sous la domination qu'ils repoussaient.

Je ne parle pas de l'Espagne, dont on voit avec déplaisir, en certains lieux, les tendances libérales.

Tous ces peuples qui recherchaient notre alliance, n'ont trouvé avec nous que déception.

Ceux qui, ayant vu le triomphe du droit du plus fort érigé en légitimité, voulurent, après avoir fait Juillet pour d'autres, faire quelque chose pour eux-mêmes, ont été le prétexte d'une réaction, de lois d'une rigueur et d'une sévérité telles, que l'on n'a pas encore osé les appliquer dans toute leur force.

Après bien des essais, nous parvenons à trouver un nouveau mode de culture, qui nous permet à peu près de gagner notre vie, en fournissant à la consommation plus de blé, en obtenant des produits utiles.

Par l'assolement triennal, nous détruisons l'abus des jachères; et l'on est disposé à nous interdire la betterave et la pomme de terre, coupables de pouvoir donner du sucre.

Eh ! Messieurs, que nous importent, à nous, les colonies ! Pourquoi nous sacrifier à des gens qui, assurément, en temps de guerre, deviendraient, de gré ou de force, les sujets de l'étranger ?

Encombrez vos vaisseaux de coton, si vous voulez, plantez dans vos colonies poivre, café et autres productions que le climat de la France ne peut donner. Messieurs les colons, ayez moins d'esclaves ! Si nous avons quelques vaisseaux de moins sur les mers ; si vous n'employez plus de nègres, la traite diviendra inutile; alors, vous n'aurez plus besoin de vous faire donner sur les ongles à propos du droit de visite; vous n'aurez plus à signer d'autorisation pour établir les anglais douaniers maritimes du monde.

Messieurs les Ministres, qui gouvernez la France, occupez-vous davantage des intérêts du sol, des intérêts de l'industrie; cherchez à alléger les lourds impôts qui pèsent sur nous, cultivateurs; nous, qui vous nourrissons. Pensez quelque peu, s'il est vrai que vous ayez tant besoin d'argent, à en demander aux riches et aux heureux de ce monde; à vos rentiers, à ceux que vous rétribuez largement.

Rognez les appointements de ceux qui gagnent trop; car si patentes et impôts continuent toujours à s'accroître, comme ni nos fourrages, ni nos blés ne renchérissent, nous finirions par faire très-mal nos affaires.

Je suis un pauvre hère qui , après avoir eu quelques velléités de gloire et d'ambition , suis revenu à mon village , désabusé et renonçant pour toujours à mes illusions de jeunesse.

De retour au pays natal , j'ai laissé à la ville ce respect à toute épreuve, que j'avais voué dès mon enfance aux autorités instituées par les hommes ; je n'obéis plus aveuglément , comme jadis ; il me faut maintenant des explications ; aussi M. l'adjoint dit-il que je suis une mauvaise tête.

J'étais dernièrement occupé à semer un champ d'orge , lorsque le garde champêtre vint me trouver ; il m'apportait un petit papier imprimé et timbré. En le voyant, mon trouble fut extrême ; je croyais déjà recevoir un nouvel avis d'augmentation de patente, ou une invitation à payer mes impôts plus régulièrement. Voyez combien j'ai peu de mémoire! J'oubliais que, l'avant-veille , j'avais donné mes derniers 25 fr. au percepteur , et qu'il y a quinze jours à peine ma patente avait été augmentée d'un tiers.

Je ne pensais plus que nous étions au mois de mai , époque, chez nous, d'un impôt non moins onéreux que les impôts directs : la contribution de la corvée.

Je ne veux pas contester , en aucune façon , l'utilité et la légalité de cette contribution. Si

j'ai quatre chevaux qui transportent mes productions à la ville, sillonnant les routes en tout
sens, ils contribuent à les détériorer, à les mettre en mauvais état; ils doivent nécessairement
contribuer aussi à les rétablir.

Je pris mon papier des mains du garde champêtre ; je lus :

Qu'ayant accepté jadis, comme devant l'exé-
cuter en nature, une taxe qui m'imposait :

Douze journées de travail de cheval,

Trois journées de travail d'homme,

Six journées de charrette,

L'autorité avait converti mon travail en tâche;
et que j'étais invité à tirer sept mètres cubes
de pierres, ou à ramasser une pareille quantité
de cailloux sur le sol que je cultive.

Jugez de mon embarras ! Cultivateur, jeune
encore, je sais à peine labourer un champ et
ensemencer une pièce de terre ; mais jamais

2*

carrier intrépide, je ne me suis, livré à l'extraction des pierres, et quelque peu partisan de ceux des dogmes de Saint-Simon et de Fourrier qui consacrent l'association du travail, l'apport social de chacun, selon son intelligence, sa capacité morale ou physique, je m'étonnais beaucoup de ce nouveau métier, pour lequel j'avais si peu d'aptitude, et auquel j'étais condamné de par la loi.

J'aimais bien mieux l'ancien système de répartition des corvées; mais je n'ai pas l'embarras du choix!

Jadis, on fixait une certaine époque, trois jours, par exemple, pendant lesquels l'ouvrier fournissait son travail, celui de son cheval et de son âne, celui de sa charrette et de ses outils.

Le village, pendant ces trois jours, ne formait plus qu'une seule famille, unie sous une même volonté, avec les mêmes projets d'amélioration. Les uns, les autres, on s'excitait au travail, et certainement les chemins vicinaux étaient alors aussi bien entretenus qu'aujourd'hui.

Si vous obligez chaque famille, quelque misérable que soit sa position, à vous apporter en tribut ses bras et son temps, ne lui rendez pas le travail trop dur ; faites-lui faire, au moins, un ouvrage en rapport avec ses connaissances, avec ses habitudes.

Mais, messieurs du pouvoir, grâce pour le pauvre ouvrier qui n'a ni bétail, ni pièce de terre sur notre territoire, qui, chaque jour, à la sueur de son front, parvient à peine à gagner pour sa famille un morceau de pain ; grâce pour lui ! Exemptez-le de la corvée ; il n'a pas beaucoup usé vos chemins, le pauvre homme, à moins que ce ne soit lorsqu'il va à son ouvrage, et qu'il traverse vos routes à pied.

Prenez-le en pitié, et ne le contraignez pas à venir, pendant trois grands jours, contribuer à rétablir des dégradations qu'il n'a pu commettre.

Vous allez voir que le procédé, suivi aujourd'hui d'après l'ordre des préfets et de plusieurs conseils de préfecture, est bien plus onéreux pour le cultivateur et l'ouvrier, qui paient en nature, que pour le riche propriétaire de l'endroit qui paie en argent.

On a converti le travail en tâches.

On commence par déterminer à combien de journées de travail un homme et ses animaux sont taxés.

On fait ensuite l'évaluation du prix de ce travail à un taux très-inférieur au prix réel d'un pareil ouvrage.

En voici un exemple :

Trois journées de travail d'homme,

Douze journées de travail de cheval,

Six journées de charrette,

Sont évalués 55 fr. 95 c. . soit 1 fr. 25 c. par

journée d'homme, et 2 fr. par journée de chaque cheval.

Ceci se passe en Brie, où, pendant le mois de mai, chaque ouvrier peut gagner 2 fr. 25 c., chaque cheval 5 fr., chaque journée de charrette 2 fr. La valeur réelle des journées de travail à faire par la corvée serait donc de 78 fr. 75 c., au lieu de 33 fr. 95 c.

Le taux des travaux en tâches est évalué de même à une valeur de beaucoup inférieure à la valeur réelle ; on estime un mètre de pierre 1 f., tandis que son coût est généralement 1 f. 50 c. ou 2 fr.

Les répartiteurs (plusieurs d'entre eux sont des philosophes distingués, membres de plusieurs sociétés savantes) disent : Le voisin un tel est imposé à trois journées d'homme et trois journées de cheval ; qu'il nous donne 9 fr. 75 c. ou nous allons lui chercher une tâche ; il y a, bien près du cimetière, un gros tas de terre qui a fait verser le père Martin, un soir que, revenant du marché, assoupi par le roulement de la voiture, il laissait, nouvel Hippolyte, flotter au vent les rênes de son bucéphale. Mais puisque le voisin ne peut, ou ne veut nous donner son argent, puisqu'il croit en Dieu, va à l'église quelquefois, et déjeune avec le curé, c'est un mauvais citoyen ! nous allons lui chercher quelque chose qui lui fasse comprendre combien peu nous estimons son caractère.

Il ne veut pas nous donner nos 9 fr. 95 c. ; eh bien ! nous allons lui faire tirer et casser quatre mètres de pierre. Or, le voisin, qui n'a pas la science et l'habileté de maître Pierre le carrier hors ligne de la commune, est obligé de recourir à autrui, qui lui prend 2 fr. par chaque mètre à tirer, 2 fr. par chaque mètre à casser ; on voit donc, pour peu qu'on ait la moindre donnée d'arithmétique, que sa corvée lui coûtera 16 fr. au lieu de 9 fr. 95 c. qu'il n'a pas voulu se résigner à donner.

Mais pour M. du château, le mode actuel est bien avantageux, aussi ne s'en plaint-il pas; il donne 3 fr. 75 c. à la commune, ce qui lui remplace 6 fr. 75 c. qu'il serait obligé de donner à son jardinier pour l'envoyer trois jours faire la corvée à sa place. Pour nous autres, pauvres gens, qui n'avons pas toujours de l'argent pour payer, vous voyez qu'on nous fait faire un travail beaucoup plus long, beaucoup plus pénible, et beaucoup plus cher que celui que nous devrions faire réellement.

Avec l'esprit d'opposition qui m'anime, je fus trouver un jour M le voyer du canton, qui, chargé de la répartition et de la surveillance des travaux, est chargé aussi d'écouter les réclamations. Ce fonctionnaire fut très-aimable pour moi ; mais sa conversation m'étonna beaucoup, surtout quand il répondit à mes observations sur mes faibles connaissances de carrier :

L'ouvrage fait par les prestataires en nature, est toujours moins bien fait, plus difficile à conduire que celui fait par un entrepreneur payé ; or, ce que nous voulons, ce n'est pas votre travail, c'est votre argent ; par notre tarif, si vous faites votre corvée, cela vous coûtera beaucoup plus que la somme pour laquelle vous êtes imposé ; vous aurez donc un grand avantage à vous résigner et à donner votre argent !

Je conçois parfaitement la justesse de ce raisonnement ; il est très-logique, je n'en disconviens pas ; mais je ne connaissais pas encore cette manière de comprendre la corvée.

Quand je donne mon argent, j'aime assez à savoir comment il est dépensé ; il ne me plaît pas toujours de le voir donner aux élus du favoritisme municipal, que l'on fait travailler à la journée, que l'on ne surveille pas, et qui en abusent quelquefois.

J'ai vendu depuis longtemps le produit de mes récoltes ; le percepteur dernièrement, je vous l'ai dit plus haut, m'a enlevé mes derniers

25 francs; ma caisse est vide; me voilà donc contraint à faire un travail vers lequel ne m'entraîne pas ma vocation, un travail que je ne connais pas, et laissant mes chevaux à l'écurie, il me faut aller tirer des pierres dans une carrière, ou ramasser des cailloux dans mes champs.

Pourquoi donc ne donne-t-on pas à chacun un travail en rapport avec ses capacités? Puisque vous avez les écus de ceux qui paient en argent, faites avec cela tirer des pierres, que nos chevaux voitureront, faites faire vos fossés aux terrassiers habitués à de pareils travaux; répartissez l'ouvrage également, n'établissez plus aucune différence entre la valeur réelle des journées et la valeur réelle du travail, chacun alors sera libre d'opter. Profitez de quelques jours de beau temps pour réunir vos prestataires en corps; faites-les travailler en harmonie, et vous verrez qu'au lieu de regarder la corvée comme un impôt onéreux quoique juste, ils finiront par y mettre tous leurs soins, ils sauront reconnaître que c'est véritablement pour la plus grande utilité du pays qu'ils sont requis au rétablissement des chemins vicinaux.

Le fermier mon voisin était dernièrement dans un cruel embarras ; ne pouvant suffire seul à l'exploitation des terres qu'il cultive, il occupe plusieurs charretiers, ouvriers des villages voisins qui sont chez lui à l'année, et pour lesquels il paie un droit de corvée , trois jours pour chacun ; c'est quelques pierres de plus qu'il lui faut tirer, s'il n'a de bel argent ayant cours. Ces jours-ci , les trois derniers de mai , ses chevaux, dont le nombre est grand , sont restés à l'écurie , les terres n'ont pas été labourées, tout travail avait cessé chez lui ; s'il avait habité la ville , il aurait pu croire à une coalition d'ouvriers pour augmentation de salaire, crime prévu et puni par la loi ; il n'en était cependant rien.

Tout ses hommes, après avoir fait la corvée pour leur propre compte dans sa commune et à ses frais, avaient été forcés de s'absenter ces trois jours pour aller, avant la réception des prestations, au village qu'habitent leurs femmes (pour eux ils habitent la ferme), réparer les routes et payer ainsi dans deux endroits. Je ne sais pas si cela est très-juste; car, enfin, il me paraît impossible que ces gens-là détériorent en même temps les chemins vicinaux de deux communes différentes.

En terminant, je veux vous dire un mot qui prouve avec quel esprit de justice impartiale sont souvent répartis les travaux et les tâches.

L'an dernier, en attendant l'instant de rentrer mes foins à la grange, jen'avais pas grand'chose à faire pour occuper mes animaux; j'allai donc trouver l'un de messieurs les conseillers municipaux, investi alors des fonctions de directeur général de la corvée de la commune : je lui demandai de vouloir bien m'occuper à quelques travaux.

Le système des tâches commençait à prendre aissance. Ce magistrat chercha longtemps pour trouver un ouvrage en rapport avec mes capacités..... corvéables; il ne trouvait rien d'assez important à me confier.

Je vins alors en aide à sa mémoire rebelle, et je lui parlai de quelques tas de pierres, très-près de chez moi, que j'aurais pu transporter bien facilement.

Je n'étais pas seul avec ce fonctionnaire; il y avait aussi là, et comme par hasard, un autre magistrat municipal qui, jusqu'alors, avait gardé le silence; car, entre nous, il ne m'aime pas beaucoup, bien qu'il me salue à deux mains chaque fois qu'il me rencontre.

Il prit alors la parole pour faire observer au directeur des corvées que ces pierres étaient aussi placées très-près de la propriété de M. le maire, et qu'un tel travail devait être réservé à ses chevaux, d'un âge mûr déjà, et pour lesquels ce voiturage de pierre était très-convenable.

Vous voyez donc bien, par ceci, que pour nous autres, pauvres gens de village, le voisinage des grands et des puissants de ce monde est toujours très à craindre et très-désavantageux.

Voyez plutôt ! Si M. le Maire n'était pas mon voisin (1), si M. le Maire n'avait pas eu un cheval poussif, j'aurais travaillé à ma porte au lieu d'aller à une demi-lieue de chez moi transporter des terres ; et cependant moi aussi j'ai un cheval poussif !

DEUX MOTS A PROPOS DU RECENSEMENT.

On a beaucoup blâmé le recensement, et l'on a eu grand tort ; c'était une mesure très-nécessaire ! Lorsque chaque année, depuis douze ans, les impôts augmentent de plusieurs millions,

(1) Voisinage, du reste, dont je suis loin de me plaindre, car mon amitié pour lui est sincère et dévouée.

n'est-il pas juste que les titres de chacun soient examinés, que ceux qui paient trop soient déchargés, et que ceux que les répartiteurs ont oublié soient reconnus et viennent aussi supporter les charges communes?

Qu'y a-t-il de plus naturel et de plus légal que de voir les agents des contributions, conduits et travaillant sous les auspices et en collaboration de l'autorité municipale! Un pareil récensement est admirable, d'autant plus que feu M. Humann disait à la Chambre que le recensement n'était pas un moyen pour augmenter et patentes et impôts, mais un salutaire remède pour égaliser les charges.

Voici bien un autre évènement qui vient d'arriver dans mon village (1). Nous avons un contrôleur des contributions directes, jeune homme plein de moyens et d'avenir, et dont le Gouvernement, bien plus encore que les contribuables, doit apprécier le zèle et le dévouement; dont

(1) Voir aux *Pièces justifica'ives*.

l'âge corrigera probablement l'inexpérience, inexpérience qu'il avoue du reste lui - même avec beaucoup de naïve bonhomie.

Il paraîtrait que bourrelé par les tracas d'une surveillence active et d'un contrôle rigoureusement exercé, il ne comprend pas toujours très-bien, et de prime-à-bord les instructions de ses supérieurs.

Il nous a appris que par le recensement, l'intention du Gouvernement était d'augmenter les patentes, progressivement et sans secousse! c'est déjà un peu plus que M. Humann. Il nous apprend aussi que, pour cette année, la valeur locative d'une usine était portée de 2,400 à 3,400 fr. Certes, voilà du progrès.

Il nous annonce, par la même circonstance, qu'il a lui-même arrangé les rôles, et changé, après coup la matrice cadastrale!

Courage, jeune homme. continuez toujours à bien comprendre ainsi les intentions administratives de vos supérieurs, et vous irez loin, très-loin, nous n'en doutons pas.

Lecteur, je vous prie, gardez bien le secret sur tout ceci ; si vous me trahissez, j'aurai à redouter d'abord la colère d'un contrôleur, celle d'un adjoint, d'un garde-champêtre et d'un agent-voyer, tous fonctionnaires que, dans ma modeste position, je dois estimer, révérer, flatter, chérir, car leur puissance est immense, et j'aurais tout à craindre de leur ressentiment.

PIÈCES JUSTIFICATIVES.

—

**Lettre d'un contrôleur des contributions directes
à un Maire.**

—

Persuadé, à l'avance, qu'une pareille lettre émanant d'un fonctionnaire, amènerait sa destitution immédiate, ne voulant pas la mort du pécheur, nous tairons les noms et les lieux; un seul cas excepté, celui où notre véracité serait mise en doute; nous nous proposons alors, ce seul cas échéant, de faire lithographier cette lettre, et d'en remettre un autographe à chacun de nos lecteurs.

Monsieur l'Adjoint,

Une lettre de l'Administration que je reçois à l'instant, vient de me prouver que j'avais mal compris les instructions qui nous ont été données.

J'ai eu l'honneur de vous dire que les valeurs locatives, servant de base au droit proportionnel des patentables, ne devaient pas subir de modifications pour 1842. Je me suis trompé.

L'Administration désire que ce soit par un exhaussement progressif et sans secousse, que l'on ramène les loyers à la valeur réelle, ainsi que le veut la loi ; je viens donc vous prévenir que j'ai porté le moulin de M. ***, maire, de 2,400 fr. à 3,400 fr.

Comme vous avez signé la matrice des patentes, j'ai cru devoir vous donner avis du changement que j'y ai apporté après coup, et qui, je crois, ne peut amener d'observations, puisqu'il est à la connaissance de tout le monde que l'usine de M*** est susceptible d'une valeur locative bien supérieure à celle pour laquelle elle figure dans la matrice des patentes.

Veuillez recevoir, M. le Maire, mes salutations respectueuses,

Le Contrôleur des contributions directes.

Informations prises, il paraît que le contrôleur mis en cause n'est pas tout-à-fait aussi coupable que je croyais ; la lettre écrite par lui était inspirée et dictée par une instruction ministérielle, nouvelle et rigoureuse, qui changeait quelque peu les termes de la loi.

Ce fonctionnaire apporte, me dit-on, quand il le peut, dans l'exercice de ses désagréables fonctions, une impartialité digne de louanges.

Il n'est dans toute cette affaire que le bras qui exécute.

C'est donc de plus puissants que lui que nous devons remercier de cette nouvelle manière d'égaliser les charges, en augmentant les patentes progressivement et sans secousse.

FIN.

www.ingramcontent.com/pod-product-compliance
Lightning Source LLC
Chambersburg PA
CBHW051750050726
47598CB00003B/1421